LOW CARB COCKTAILS

Diana Ruchser

LOW CARB COCKTAILS

60 schnell gemixte Drinks

Wenig Kohlenhydrate.
Viel Genuss.

CHRISTIAN

INHALT

VORWORT

Liebe Leserinnen und Leser,

was wäre eine Welt ohne Genuss, ohne gutes Essen und Trinken? Es wäre vermutlich eine sehr fade Welt. Zumindest waren das meine Gedanken, als ich meine Ernährung vor ein paar Jahren krankheitsbedingt umstellen musste. So ein, aus kulinarischer Sicht, langweiliges Leben wollte ich nicht führen, also setzte ich mich mit Low-Carb-Ernährung auseinander und begann zu experimentieren.

Unter dem Motto »Genuss statt Verzicht« kreiere ich seit Ende 2014 regelmäßig Low-Carb-Rezepte und veröffentliche sie auf meinem Blog »Schwarzgrünes Zebra«. Es finden sich dort Abwandlungen von klassischen Rezepten, aber auch neue Kreationen, egal ob es sich dabei um Deftiges, Brot, Kuchen oder Kekse handelt.

Ein Thema und eine meiner Vorlieben blieb dabei meistens außen vor: Low-Carb-Cocktails. Deshalb freue ich mich umso mehr, dass ich mit diesem Buch nun Rezepte, Tipps und Tricks weitergeben kann. Von alkoholfreien Drinks über Cocktails mit Alkohol und warme Getränke bis hin zu Basics wie Sirup und Liköre – in diesem Buch ist mit insgesamt 60 Rezepten alles dabei.

Mach' dir mit Freunden einen schönen Abend, mixt euch ein paar Low-Carb-Cocktails und genießt das Leben!

Ich wünsche dir viel Spaß,

Deine Diana Ruchser

D. Ruchser

1 MIXER
2 KAFFEETRICHTER
3 KAFFEEFILTER
4 MULLTUCH
5 SIEB
6 STÖSSEL
7 LANGSTIELIGER LÖFFEL
8 STROHHALME AUS METALL
9 MESSER MIT GABELSPITZE
10 SHAKER
11 ZITRONENPRESSE
12 FLASCHEN ZUM ABFÜLLEN
13 PÜRIERSTAB
14 COCKTAILMESSBECHER

EINFÜHRUNG

ALKOHOL UND LOW CARB – GEHT DAS?

Diese Frage wird oft gestellt. Und man kann klar sagen: Ja, das geht. Allerdings sollte man dabei ein paar Dinge beachten. Wer auf Cocktails und Drinks während seiner Diät nicht verzichten möchte, sollte sich bewusst sein, dass der Konsum von Alkohol die Fettverbrennung stoppt. Denn die Leber ist dann mit der Verarbeitung des Alkohols beschäftigt.

Generell ist Low Carb viel mehr als nur eine Crash-Diät. Es ist eine Ernährungsform, ein Heilmittel und eine Passion. Der Genuss steht dabei im Vordergrund, aber bitte kohlenhydratarm!

Damit dies auch bei Cocktails gelingen kann, muss man wissen, aus was Alkohol besteht: Alkohol steht umgangssprachlich für Ethanol und wird auf natürlichem Weg bei der Vergärung zuckerhaltiger Früchte mithilfe von Hefe gewonnen. Die Hefe wandelt dabei in einem chemischen Prozess den Zucker in Alkohol um. Diese Methode ist schon seit Hunderten von Jahren bekannt und wurde schon damals für die Bier- und Weinherstellung genutzt. Im Laufe der Zeit wurde die Hefe gezüchtet, um eine höhere Ethanolkonzentration zu erreichen. Dennoch bleibt bei diesem Vorgang Restzucker erhalten, wie man es von Wein oder Bier kennt. Um Ethanol völlig zu konzentrieren, muss er destilliert werden.

Destillierter Alkohol enthält also keinen Zucker, keine Proteine und kein Fett, hat aber trotzdem Kalorien, die im Körper verarbeitet werden.

Da destillierter Alkohol nichts anderes als die typischen Spirituosen wie Rum, Wodka, Whisky, Gin oder Korn ist, sollte man im Rahmen der Low-Carb-Ernährung diese Schnäpse ins Auge fassen. Je nach Sorte, kann durch die Zugabe von Aromen und Farbstoffen allerdings nachträglich Zucker zugeführt werden. Und so ist es zu empfehlen, einen Blick auf das Etikett zu werfen.

Um die Spirituosen auf besonders schmackhafte Weise genießen zu können, mischt man sie mit anderen Zutaten zu einem leckeren Cocktail. Alle, die das Low-Carb-Prinzip umsetzen möchten, können dabei Komponenten wie Zitronen- oder Limettensaft, Sahne, zuckerfreie Cola oder zuckerfreien Sirup verwenden. Auf Säfte sollte man allerdings größtenteils verzichten, da diese zumeist viel Fruchtzucker enthalten.

Wer mit »hartem« Alkohol nichts anfangen kann, für den ist Weißwein eine Alternative. Denn obwohl er nicht destilliert wurde, ist der Restzucker bei einem trockenen Weißwein eher gering. Das kann allerdings von Marke zu Marke variieren. Wer auf Nummer sicher gehen möchte, greift zur Weißweinschorle.

→ ALKOHOLEINFLUSS AUF DEN KÖRPER

Sobald man Alkohol im Körper hat, versucht die Leber diesen abzubauen. In dieser Zeit ist die Glukoseproduktion und -abgabe gehemmt. Das heißt, in dieser Zeit befindet sich weniger Zucker im Blut und man benötigt weniger Insulin. Die Folge: Der Blutzuckerspiegel sinkt. Je mehr Alkohol man trinkt, desto länger ist der Stoffwechsel gestört. Dieser Vorgang variiert je nach Geschlecht, Größe und Körpergewicht und lässt sich so schlecht berechnen.

Wer meint, er könne den Blutzuckerabfall von Anfang an durch zuckerhaltige Getränke regulieren, der irrt sich. Denn zunächst geht der Zucker ins Blut und sorgt für einen Anstieg des Blutzuckerspiegels, doch dann sinkt dieser wieder. Das führt schnell zu Heißhunger, der gerade unter Alkoholeinfluss schnell zu Fressattacken mit Lust auf kohlenhydratreiche Kost führen kann. Erst Stunden später werden die Folgen des Alkoholgenusses (in Bezug auf den Blutzuckerspiegel) bemerkbar.

Gerade deshalb sollten vor allem Diabetiker aufpassen. Wenn man Insulin auf kohlenhydratreiche Getränke wie Bier oder Liköre spritzt, kann man noch Stunden später unterzuckern.

GRUNDWISSEN: KOHLENHYDRATGEHALT VERSCHIEDENER ALKOHOLIKA

Spirituosen weisen in Bezug auf Kohlenhydrate die beste Bilanz auf, denn sie besitzen kaum bis keine Kohlenhydrate. Es kann jedoch je nach Sorte zu kleinen Unterschieden kommen, da die Alkoholsorten auf verschiedene Weise destilliert und gelagert werden. Von aromatisierten Getränken sollte man besser die Finger lassen, denn in ihnen kann sich Zucker verstecken. Bei Obstbränden sollte man darauf achten, dass kein Saft zugegeben wurde.

Möchte man sich ein kühles **Bier** gönnen, sollte man die Nährwerte genau im Auge behalten. Schnell wird eine Flasche zu einer Mahlzeit oder gar zu einer Tagesration in Bezug auf die Kohlenhydrate. Bier sollte man deshalb mit Bedacht trinken oder besser noch zu einer anderen Erfrischung greifen.

Bei **Weinen** ist es schwierig, im Hinblick auf die Kohlenhydrate einen Durchschnittswert festzulegen, da diese von Sorte zu Sorte differieren. Grundsätzlich aber sollte man trockene Weine bevorzugen. Am besten ist ein trockener Weißwein. Wie die Tabelle auf Seite 14 zeigt, hat er nicht nur am wenigsten Kohlenhydrate, sondern ist zusammen mit Mineralwasser gemischt auch sehr erfrischend.

Auch beim Apfelwein gibt es Unterschiede. Dem hessischen Apfelwein, auch Äppler genannt, wird in vielen Fällen kein Zucker zugesetzt und so erhält er den bekannten säuerlichen Geschmack. Das macht sich bei den Nährwerten bemerkbar. Demgegenüber sollte man die verschiedenen Cider aus Irland oder England eher kritisch betrachten, da sie oft Zucker enthalten und ihr Kohlenhydratgehalt dadurch stark variieren kann.

Von herkömmlichen **Likören** sollte man lieber Abstand nehmen. Dass sie so süffig sind, hat seinen Grund: Sie enthalten sehr viel Zucker und man trinkt davon gerne mal mehr, als man vorhatte. Aber es gibt Alternativen und Rezepte, wie man Low-Carb-Liköre selbst herstellen kann. Eine kleine Auswahl findest du im Kapitel »Sirups & Liköre«.

Damit du den Überblick behältst, findest du auf den nachfolgenden Seiten Tabellen mit den beliebtesten Getränken und ihrem Kohlenhydratgehalt.

Spirituosen / pro 100 ml (Durchschnittswert)	**Brennwert** in kcal/kJ	**Fett** in g	**Kohlenhydrate** in g	**Protein** in g	**Alkoholgehalt** in %
Gin	289/1000	0	0	0	45,00
Obstbrand	256/1073	0	0–2	0	45,00
Whisky	238/998	0	0	0	43,00
Cognac	237/992	0	0–2	0	40,00
Rum	234/980	0	0	0	40,00
Wodka	215/900	0	0	0	40,00
Doppelkorn	208/870	0	0	0	38,00
Tequila, Silver	191/800	0	0	0	38,00

Bier / pro 100 ml (Durchschnittswert)	**Brennwert** in kcal/kJ	**Fett** in g	**Kohlenhydrate** in g	**Protein** in g	**Alkoholgehalt** in %
Kellerbier	45/188	0,1	2,8	0,5	5,60
Cola-Bier	44/183	0	6,8	0,2	2,50
Weißbier	44/184	0	2,6	0,6	5,30
Pils	40/167	0	3,1	0	4,80
Radler	34/142	0,1	5,3	0,2	2,50
alkoholfreies Bier	26/109	0	5,7	0	‹ 0,5
alkoholfreies Weizen	26/112	0	5,8	0	‹ 0,5
leichtes Bier	26/110	0,1	1,7	0,32	2,80

Wein / pro 100 ml (Durchschnittswert)	**Brennwert** in kcal/kJ	**Fett** in g	**Kohlenhydrate** in g	**Protein** in g	**Alkoholgehalt** in %
Met	110/461	0	11,8	0	10,00
lieblicher Weißwein	96/402	0	2,6	0,8	13,00
lieblicher Rotwein	78/327	0	2,5	0,2	10,00
trockener Rotwein	78/327	0	2,4	0,2	12,00
trockener Sekt	76/318	0	3,5	0,2	11,00
trockener Weißwein	72/301	0	0,1–0,5	0,2	12,00
Rosé	72/301	0	3	0	11,50
Cider/Cidre	65/272	0	8,8	0	4,50
hessischer Apfelwein	38/159	0,1	0,7	0,1	6,00

Liköre / pro 100 ml (Durchschnittswert)	**Brennwert** in kcal/kJ	**Fett** in g	**Kohlenhydrate** in g	**Protein** in g	**Alkoholgehalt** in %
Absinth	430/1800	0	10	0	70,00
Irish Cream-Likör	334/1400	15	25	0	17,00
Eierlikör	264/1100	7	28	4	20,00
Kräuterlikör	250/1047	0	12	0	35,00
Kaffeelikör	241/1009	0	38,2	0	20,00
Pflaumenlikör	192/802	0	35,8	0	20,00
Apfelkorn	191/800	0	4	0	18,00
Fruchtlikör	128/534	0	12	0	15,00

DER BAR-BESUCH – SO KLAPPT ER *LOW CARB*

Muss man auf alles verzichten, wenn man mit Freunden in eine Bar geht? Nein, das muss man nicht! Auch wenn es für viele Barkeeper noch ungewohnt ist, Low-Carb-Drinks bieten hier viele Möglichkeiten. Dazu sollte man sich allerdings vorher mit den verschiedenen Alkoholika auseinandersetzen. Schau dir daher das vorangehende Kapitel an, falls du das noch nicht gemacht hast. Denn nur, wenn man selbst weiß, was in einem Getränk enthalten ist, kann man um entsprechende Änderungen bitten.

In Bezug auf »Feierabendgetränke« sollte man besser auf ein kühles Bier verzichten, stattdessen könnte man aber eine saure Weißweinschorle bestellen. Denn ein trockener Weißwein hat im Durchschnitt nur 0,5 g Kohlenhydrate auf 100 ml. Gemischt mit Mineralwasser ist dieses Getränk dazu noch ein prima Durstlöscher.

Liebhaber von Longdrinks können sich ohne größere Umstände einen Cuba Libre mit Cola light bestellen. Denn zuckerfreie Cola gibt es fast in jeder Bar. Ganz ohne Cola geht es natürlich auch: So könnte man sich einfach einen herberen Drink bestellen, etwa einen Wodka Soda.

Kleiner Tipp: Den kalorienarmen Zuckeraustauschstoff Erythrit gibt es auch in praktischen Portionsbeuteln. Man kann dann zum Beispiel einen Caipirinha ohne Zucker bestellen und ihn selbst süßen.

Hast du den Barkeeper deines Vertrauens gefunden? Dann frage nach speziellen Mischungen – etwa nach Wodka mit Limetten- oder Zitronensaft und Mineralwasser. Ein Profi wird keine Probleme haben, einen für ihn neuartigen Cocktail zu mixen. Aber man sollte fair bleiben: Wenn er viel zu tun hat, sollte man ihn nicht zu sehr belästigen, denn so schwindet seine Bereitschaft für Extrawünsche.

Du möchtest mit deinen Freunden »schnapseln«? Kein Problem! Allerdings sollte man die Finger von Likören lassen und sich lieber für einen guten Obstbrand, etwa einen »Willi« oder Zwetschgengeist, entscheiden. Auch ein Tequila Silver ist in Ordnung.

Mit der Zeit nimmt man mehr Feinheiten im Geschmack der unterschiedlichen Spirituosen wahr. Das gilt auch für einen guten Rum oder Whisky. **Mein Tipp:** Probiere und teste auch mal Rumsorten, die du bislang nicht kanntest. Gerade die dunklen Sorten haben oft ein starkes Aroma. Auch hier sollte man darauf achten, dass der Rum nicht nachträglich aromatisiert wurde.

Es gibt also einige Möglichkeiten, den Abend in einer Bar *low carb* zu genießen.

TIPPS & TRICKS ZUR KREATION VON COCKTAILS

Jeder kann gute Cocktails kreieren. Dabei sollte man ruhig mutig sein, sich aber auch an ein paar Tipps und Tricks halten.

ALKOHOL GUT KOMBINIERT

1 Für ein sicheres Ergebnis kombiniert man am besten alkoholfreie Komponenten mit ein bis zwei Spirituosen.

2 Wodka schmeckt recht neutral und kann deshalb mit vielen Säften und Weinen kombiniert werden.

3 Gin passt gut zu Gewürzen und Gemüse, zum Beispiel zu Gurken.

4 Rum eignet sich für süße Getränke, zum Beispiel für solche, die mit Sahne zubereitet werden.

5 Für Kreationen mit herber Geschmacksrichtung lässt sich Whisky gut verwenden.

6 Cognac schmeckt besonders gut in warmen Getränken.

SIRUPS & LIKÖRE

Eine gute Grundlage für schmackhafte Cocktails bilden Liköre und Sirups. Leider hat der Handel noch nicht viele Low-Carb-Produkte im Angebot. Im Internet und im Ausland allerdings gibt es schon eine Vielzahl an zuckerfreien Sirups und Likören zu kaufen. Deshalb ist Vorbereitung alles. Wer bezüglich der Inhaltsstoffe seiner Cocktail-Basics Gewissheit haben will, macht sie am besten selbst. Denn sie schmecken nicht nur im Cocktail, sondern sind auch ein tolles Mitbringsel für Freunde und Familie.

SÄFTE

Auf Säfte sollte man bei einem Low-Carb-Cocktail möglichst verzichten, da sie oft viel Fruchtzucker enthalten. Ausgenommen sind Säfte, die von Natur aus wenig Kohlenhydrate haben, wie zum Beispiel Zitronen- oder Limettensaft. Aber Vorsicht! Achte darauf, dass dem Saft kein zusätzlicher Zucker beigegeben wurde. Das gilt zum Beispiel für Cranberrysaft. Die roten Früchte geben nicht genug Süße ab und so wird der Saft immer nachgesüßt. Allerdings gibt es auch Säfte, die mit Süßstoff gesüßt wurden. Ein Blick auf das Kleingedruckte des Etiketts hilft hier weiter.

LIMONADEN UND ANDERE SOFTDRINKS

Wer kein Problem mit künstlichen Süßstoffen hat, dem steht eine große Auswahl an Limonaden und Softdrinks zur Verfügung. Selbst beim Discounter findet man zuckerfreie Cola, Zitronenlimonade, Eistee und Energydrinks. Aber auch hier gilt: Bitte einen Blick auf die Nährwerttabelle werfen! Manchen Getränken wurde Fruchtkonzentrat zugesetzt. Sie enthalten daher einen kleinen Anteil an Fruchtzucker.

Meine Empfehlung: Ein Einkaufsbummel im Ausland kann sich bei diesen Produkten lohnen.

HIGH CARB IN *LOW CARB* VERWANDELN

Du hast einen Lieblingscocktail und möchtest das Rezept umwandeln? Dann beachte folgende Punkte:

1 Ersetze Zuckersirup durch Puder-Erythrit.

2 Ersetze Liköre durch zuckerfreie Varianten. Solltest du keinen zuckerfreien Likör vorrätig haben, kannst du zuckerfreien Sirup und Wodka statt Likör verwenden. Sollte kein Sirup im Haus sein, kannst du ein entsprechendes Aroma verwenden.

3 Statt Sirup aus Beeren kann man Beerenmus benutzen.

4 Zitronenlimonade lässt sich gut durch Zitronensaft, Mineralwasser und Puder-Erythrit austauschen.

5 Säfte allgemein lassen sich durch zuckerfreien Sirup und Wasser ersetzen.

6 Bei Sahnecocktails kann man statt zu Sirup auch gut zu einem Aroma vermischt mit Erythrit greifen.

7 Grenadine kann durch Cranberrysaft light ersetzt werden.

Aber Vorsicht: Die Saftalternativen haben eine andere Dichte als Säfte. Bei Farbverläufen kann es deshalb zu Veränderungen kommen.

8 Bei Cocktails mit Farbstoffen ist zu beachten, dass sie sich nur mit transparenten Komponenten herstellen lassen.

→ ZUCKERAUSTAUSCHSTOFFE ERYTHRIT UND XYLIT

Künstliche Süßstoffe haben bei einigen Menschen einen schlechten Ruf. Eine Alternative dazu sind die Zuckeraustauschstoffe Erythrit und Xylit. Beide Süßungsmittel gibt es in gut sortieren Supermärkten, in Drogeriemärkten sowie Reformhäusern zu kaufen. Doch was ist der Unterschied?

Erythrit wird aus Maisstärke gewonnen und hat keine Kalorien. Jedoch kann er beim Backen verwendet einen kühlen Geschmack auf der Zunge hervorrufen. In Puderform in Getränken ist das allerdings gar nicht oder kaum zu schmecken. Da Zucker im Gegensatz zu Erythrit konserviert, sind die Getränke wie Sirups oder Liköre leider nicht so lange haltbar. Außerdem kann es passieren, dass der Erythrit schneller als Zucker kristallisiert. Genau das ist bei Xylit anders.

Xylit wird aus Hölzern wie der Birke gewonnen und trägt auch den Namen Birkenzucker. Der Stoff hat eine antibakterielle Wirkung, weswegen man ihn auch aus der Zahnpflege kennt. Genau das macht Liköre und Sirups, in denen Xylit verwendet wird, für längere Zeit haltbar. Zudem kristallisiert er nicht so schnell aus wie Erythrit. Der Nachteil ist allerdings, dass Xylit nur 40 % weniger Kalorien hat als Zucker.

SIRUPS & LIKÖRE

Info: Xylit ist antibakteriell. Mit seiner Hilfe bleibt der Sirup länger haltbar und kristallisiert nicht so schnell aus.

PFIRSICHSIRUP

Ergibt etwa 0,75–1 Liter

Zutaten
1 TL Zitronensäure
1 kg Pfirsiche
300 g Xylit

Außerdem
Topf
Pürierstab
Kaffeefilter oder Mulltuch
(Kaffee-)Trichter
Flaschen zum Abfüllen

800 ml Wasser in einen Topf geben und die Zitronensäure zufügen.

Die Pfirsiche waschen, entkernen und vierteln. Dann in den Topf geben und bei mittlerer Hitze köcheln lassen.

Wenn die Pfirsiche weich sind, den Topfinhalt mit einem Pürierstab pürieren.

Den Saft durch einen Kaffeefilter oder ein Mulltuch abseihen und in den Topf geben. Den Pfirsichsaft erwärmen, den Xylit hinzugeben und warten, bis er sich aufgelöst hat.

Alles mithilfe eines Trichters in saubere Flaschen füllen.

Kühl und dunkel gelagert ist der Pfirsichsirup mindestens 2–3 Monate haltbar. Die Flaschen vor Gebrauch gut schütteln.

Tipp: Wer den Orangenlikör von Seite 29 zubereitet hat, kann für dieses Rezept die Orangen sehr gut weiterverwenden.

Anmerkung: Xylit wird verwendet, damit der Sirup länger haltbar ist und nicht kristallisiert.

ORANGENSIRUP

Ergibt etwa 0,5 Liter

Zutaten
1 kg Orangen
1 Limette
400 g Xylit

Außerdem
Topf
Sieb
Flaschen zum Abfüllen

Die Orangen und die Limette auspressen.

Einen Topf mit 800 ml Wasser aufsetzen und den Xylit dazugeben.

Alles erhitzen, bis sich der Xylit aufgelöst hat.

Den Saft dazugeben und alles etwa 30–40 Minuten köcheln lassen, bis sich alles etwa halbiert hat.

Den Sirup durch ein Sieb abseihen, in gut verschließbare Flaschen füllen und abkühlen lassen.

Jetzt ist der Sirup genussfertig und kann mit anderen Zutaten gemischt werden. Kühl und dunkel gelagert ist der Orangensirup mindestens 2–3 Monate haltbar. Die Flaschen vor Gebrauch gut schütteln.

MANDELSIRUP

Ergibt etwa 0,75 Liter

Zutaten
200 g Mandelstifte
½ Fläschchen Bittermandelaroma
400 g Xylit

Außerdem
Topf
Mulltuch
Kaffeefilter
(Kaffee-)Trichter
Flaschen zum Abfüllen

Die Mandelstifte in einen Topf geben und in 500 ml Wasser mit dem Bittermandelaroma aufkochen.

Den Topf vom Herd nehmen und 24 Stunden ziehen lassen.

Nach den 24 Stunden das Mandelwasser durch das Mulltuch abgießen und das Mulltuch gut ausdrücken.

Das abgeseihte Wasser wieder in einen Topf geben und mit dem Xylit sowie zusätzlichen 300 ml Wasser aufkochen.

Anschließend den Sirup abseihen. Dafür einen Kaffeefilter in einen Trichter legen und den Mandelsirup hierdurch in Flaschen füllen. Danach abkühlen lassen.

Kühl und dunkel gelagert ist der Mandelsirup mindestens 2–3 Monate haltbar. Die Flaschen vor Gebrauch gut schütteln.

Anmerkung: Xylit wird verwendet, damit der Sirup nicht schlecht wird oder kristallisiert.

JOHANNISBEERLIKÖR

Ergibt etwa 0,75–1 Liter

Zutaten
500 g Johannisbeeren
300 g Xylit
750 ml Wodka

Außerdem
dunkle Flasche oder Einmachglas mit 1 l Fassungsvermögen
(Kaffee-)Trichter
Kaffeefilter
Flaschen zum Abfüllen

Die Johannisbeeren waschen und von den Rispen streifen.

Die Früchte in die dunkle Flasche oder das Einmachglas geben und den Xylit zufügen.

Mit Wodka aufgießen.

Die Mischung gut verschließen und etwa 8–12 Wochen an einem dunklen, kühlen Ort ziehen lassen.

Den Likör nach der Ziehzeit abseihen. Dafür einen Kaffeefilter in einen Trichter legen und den Johannisbeerlikör hierdurch in Flaschen füllen.

Kühl und dunkel gelagert ist der Johannisbeerlikör mindestens 1 Jahr haltbar.

Anmerkung: Der Likör kann auch mit anderen Früchten angesetzt werden.

ORANGENLIKÖR

Ergibt etwa 1 Liter

Zutaten
1 kg unbehandelte Orangen
400 ml Korn oder Wodka
400 ml Gin
400 g Xylit

Außerdem
Gemüseschäler
Flasche mit 1,5 l Fassungsvermögen
Auflaufform
Kaffeefilter
(Kaffee-)Trichter
Flaschen zum Abfüllen

Die Orangen waschen und mit einem Gemüseschäler dünne Schalenstreifen abziehen. Die Zesten zusammen mit dem Alkohol in eine große Flasche geben und bis zur weiteren Verwendung im Kühlschrank lagern.

Den Boden einer Auflaufform mit etwa drei Viertel des Xylits bedecken.

Die abgezogenen Orangen halbieren und mit der angeschnittenen Seite nach unten in die Auflaufform legen.

Die Orangen mit dem restlichen Xylit bedecken und im Kühlschrank 2 Tage ziehen lassen.

Nach 2 Tagen sollte sich ein süßer Orangensirup gebildet haben. Diesen in die Flasche mit den Zesten und dem Alkohol geben. Bei Bedarf noch Xylit aus der Auflaufform zufügen.

Wenn sich der Xylit aufgelöst hat, kann der Likör abgeseiht werden. Dafür einen Kaffeefilter in einen Trichter legen und den Orangenlikör hierdurch in Flaschen füllen.

Kühl und dunkel gelagert ist der Orangenlikör mindestens 1 Jahr haltbar.

Hinweis: Je länger der Likör mit den Zesten reifen kann, desto besser wird der Orangenlikör.

KAFFEELIKÖR

Ergibt etwa 0,75–1 Liter

Zutaten
150 g Kaffeebohnen
1 Vanilleschote
150 g Xylit
750 ml Korn oder Wodka

Außerdem
dunkle Flasche oder Einmachglas mit 1–1,5 l Fassungsvermögen
(Kaffee-)Trichter
Kaffeefilter
Flaschen zum Abfüllen

Die Kaffeebohnen in die dunkle Flasche oder das Einmachglas füllen.

Die Vanilleschote aufschneiden und zusammen mit dem Xylit ebenfalls in die Flasche geben.

Den Alkohol aufgießen und die Flasche 8–12 Wochen fest verschlossen an einem dunklen, kühlen Ort lagern.

Anschließend den Likör abseihen. Dafür einen Kaffeefilter in einen Trichter legen und den Kaffeelikör hierdurch in Flaschen füllen.

Kühl und dunkel gelagert ist der Likör etwa 1 Jahr haltbar.

Anmerkung: Wenn der Likör schnell verbraucht wird, kann auch Erythrit statt Xylit verwendet werden.

IRISH CREAM-LIKÖR

Ergibt etwa 0,75–0,8 Liter

Zutaten
1 TL lösliches, zuckerfreies Instantkaffeepulver
1 EL Kakaopulver
80–100 g Puder-Xylit
350 g flüssige Sahne
250 ml ungesüßte Kondensmilch
130 ml Whisky
1 TL Vanillearoma

Außerdem
Flaschen zum Abfüllen

In einer Schüssel das Kaffeepulver mit dem Kakaopulver und dem Xylit vermengen.

Etwas von der Sahne zufügen und zu einer Paste verrühren.

Dann langsam die restliche Sahne unterrühren, bis eine glatte Masse entsteht.

Die restlichen Zutaten unterrühren und alles in Flaschen füllen.

Den Irish Cream-Likör im Kühlschrank lagern und innerhalb von 1–2 Wochen aufbrauchen.

ERDBEER-SAHNE-LIKÖR

Ergibt etwa 0,5–0,6 Liter

Zutaten
300 g Erdbeeren
200 ml Wodka
100 g Xylit
200 g flüssige Sahne

Außerdem
Pürierstab
Sieb
Mixer
Flaschen zum Abfüllen

Die Erdbeeren waschen, mit einem Pürierstab pürieren und durch ein Sieb streichen.

Das Erdbeermus mit dem Wodka, dem Xylit und der Sahne in einen Mixer geben und alles gut durchmixen.

Anschließend den Erdbeer-Sahne-Likör in Flaschen abfüllen und über Nacht in den Kühlschrank stellen.

Wenn der Likör gut durchgezogen ist, kann er serviert werden.

Er hält sich im Kühlschrank aufbewahrt 1–2 Wochen. Die Flaschen vor Gebrauch gut schütteln.

MINZLIKÖR

Ergibt etwa 0,75–1 Liter

Zutaten
150 g frische Minze
300 g Xylit
750 ml Wodka oder Korn

Außerdem
dunkle Flasche oder Einmachglas mit 1–1,5 l Fassungsvermögen
Kaffeefilter
(Kaffee-)Trichter
Flaschen zum Abfüllen

Die Minze waschen und unschöne Stellen abschneiden, dann in die Flasche oder das Einmachglas geben.

Xylit zufügen und mit Wodka oder Korn aufgießen.

Das Gefäß verschließen und an einem dunklen, kühlen Ort etwa 8–12 Wochen ziehen lassen.

Nach der Wartezeit den Likör abseihen. Dafür einen Kaffeefilter in einen Trichter legen und den Minzlikör hierdurch in Flaschen füllen.

Kühl und dunkel gelagert ist der Minzlikör mindestens 1 Jahr haltbar.

ALKOHOLFREIE DRINKS

SPARKLING BLUEBERRY ICE TEA

Für etwa 2 Liter

Zutaten
2 Stängel frische Minze
100 g Heidelbeeren (TK-Produkt)
4 cl Limettensaft
Süße nach Geschmack
Eiswürfel
Mineralwasser zum Aufgießen

Außerdem
Gefäß, z. B. Karaffe
Sieb
4–8 Longdrinkgläser
frische Minze, pro Glas 1 Scheibe Limette und Heidelbeeren zum Dekorieren

1 Liter Wasser zum Kochen bringen.

In ein Gefäß, zum Beispiel eine Karaffe, die Minze und die gefrorenen Heidelbeeren geben.

Die Minze und die Beeren mit dem kochenden Wasser übergießen und für einige Stunden kalt stellen.

Nach der Abkühlzeit mit Limettensaft und Süße abschmecken.

Um die Minze und Beerenstücke herauszufiltern, den kalten Tee durch ein Sieb gießen.

Ein paar Gläser vorbereiten, Eiswürfel hineingeben und den Eistee bis zur Hälfte eingießen.

Zum Schluss mit Mineralwasser aufgießen.

Bei Bedarf den Eistee mit Minze, einer Limettenscheibe und frischen Heidelbeeren dekorieren.

Tipp: Funktioniert auch mit anderen Beerensorten!

ALPEN-MOJO

Für 1 Person

Zutaten
4–5 Blätter frische Minze
½ halbe Limette
Crushed Ice
20 cl zuckerfreie Kräuterlimonade (z. B. Almdudler)

Außerdem
Longdrinkglas
Stößel
1 Scheibe Limette und
1 Stängel frische Minze zum Dekorieren

Die Minzblätter in ein Glas geben.

Die halbe Limette vierteln und ebenfalls in das Glas geben.

Beides mit einem Stößel zerdrücken.

Crushed Ice dazugeben und mit der Kräuterlimonade aufgießen.

Zum Schluss mit einem Strohhalm, einer Limettenscheibe und einem Minzstängel dekorieren.

BROMBEER-MANDEL-COCKTAIL

Für 1 Person

Zutaten
50 g Brombeeren (TK-Produkt)
10 cl Mandelmilch
2 cl Kokosmilch
2 EL Crushed Ice

Außerdem
Mixer
Cocktailschale
1 Brombeere und
1 Blatt frische Minze zum Dekorieren

Die gefrorenen Brombeeren mit der Mandelmilch, der Kokosmilch und 4 cl Wasser in den Mixer geben und alles gut durchmixen.

Das Crushed Ice in das Glas geben und den Cocktail in das Glas gießen.

Mit einer Brombeere und einem Minzblatt dekorieren.

ERDBEER-SPRITZ

Für 1 Person

Zutaten
5 Erdbeeren
4 Blätter frische Minze
2 cl Limettensaft
8 cl zuckerfreies Bitter Lemon
10 cl Mineralwasser

Außerdem
Pürierstab
Rotweinglas
1 Stängel frische Minze und
Eiswürfel zum Dekorieren

Erdbeeren waschen. Drei davon pürieren.

Die Minzblätter und das Erdbeerpüree in das Glas geben.

Nun die übrigen zwei Erdbeeren vierteln und dazugeben.

Anschließend mit dem Limettensaft, dem Bitter Lemon und dem Mineralwasser aufgießen.

Zum Schluss Eiswürfel in das Glas geben und mit einem Minzstängel dekorieren.

KOKOS-LASSI

Für 1 Person

Zutaten
3 EL Kokosraspel
1 Stück Limette
7,5 cl Kokosmilch
75 g Naturjoghurt
1 Prise Muskatnuss
2 EL Puder-Erythrit
Eiswürfel

Außerdem
Glas, z. B. Whiskyglas
Mixer

Zwei Esslöffel Kokosraspel auf einen flachen Teller geben.

Den Glasrand mit einem Limettenstück anfeuchten und in die Kokosraspel tunken.

Die Kokosmilch mit dem Naturjoghurt, der Muskatnuss und dem Erythrit mixen.

Nun die restlichen Kokosraspel dazugeben.

Eiswürfel in das dekorierte Glas geben und den Kokos-Lassi eingießen. Sofort servieren und genießen.

MANDELTRAUM

Für 1 Person

Zutaten
3 cl Mandelsirup (siehe Seite 25)
4 cl Orangensirup (siehe Seite 23)
2 cl Zitronensaft
Crushed Ice
8 cl Mineralwasser

Außerdem
Shaker
Whiskyglas
1 Blatt frische Minze zum Dekorieren

Den Mandelsirup mit dem Orangensirup und dem Zitronensaft in einen Shaker geben und gut shaken.

Anschließend Crushed Ice in das Glas geben und den Shakerinhalt dazugeben.

Zum Schluss mit Mineralwasser aufgießen und mit einem Minzblatt dekoriert servieren.

SISSI ALMOND

Für 1 Person

Zutaten
8 cl Cranberrysaft light
2 cl Limettensaft
4 cl Mandelsirup (siehe Seite 25)
Eiswürfel
Mineralwasser zum Aufgießen

Außerdem
Shaker
Longdrinkglas
6 frische Cranberries, 6 Mandelkerne und 1 Stängel frische Minze zum Dekorieren

Den Cranberrysaft mit dem Limettensaft sowie dem Mandelsirup in den Shaker geben und kräftig schütteln.

Die Eiswürfel in das Glas geben und den Shakerinhalt dazugeben.

Mit Mineralwasser aufgießen und Cranberries sowie Mandeln dekorativ zufügen.

Den Drink mit einem Minzstängel dekoriert servieren.

VIRGIN STRAWBERRY

Für 1 Person

Zutaten
2 EL Kokosraspel
1 Stück Limette
4–5 Erdbeeren
4 cl Kokosmilch
1 cl Limettensaft
1 cl Mandelsirup (siehe Seite 25)
Eiswürfel

Außerdem
Ballonglas
Mixer
1 kleine Erdbeere und
1 Stängel frische Minze
zum Dekorieren

Die Kokosraspel auf einen flachen Teller geben.

Mit dem Stück Limette den Glasrand anfeuchten und in die Kokosraspel tunken, damit ein schöner Rand entsteht.

Die Erdbeeren waschen und klein schneiden.

Dann zusammen mit der Kokosmilch, 4 cl Wasser, dem Limettensaft und dem Mandelsirup im Mixer kräftig schaumig rühren.

Das Glas mit Eiswürfeln füllen und den Cocktail eingießen.

Den Cocktail mit einer kleinen Erdbeere und einem Minzstängel dekorieren und sofort servieren.

PRINCESS PEACH

Für 1 Person

Zutaten
6 cl Pfirsichsirup (siehe Seite 22)
4 cl Kokosmilch
4 cl flüssige Sahne
1 EL Puder-Erythrit
Crushed Ice
Eiswürfel

Außerdem
Mixer
Longdrinkglas
1 Scheibe Pfirsich und
1 Stängel frische Minze
zum Dekorieren

Den Pfirsichsirup mit der Kokosmilch, der Sahne, 4 cl Wasser und dem Erythrit in den Mixer geben. Das Crushed Ice dazugeben und kräftig durchmixen.

Ein paar Eiswürfel in das Glas geben und mit dem Cocktail aus dem Mixer aufgießen.

Nun mit einer Pfirsichscheibe und einem Minzstängel dekorieren und direkt genießen.

RASPBERRY KISS

Für 1 Person

Zutaten
30 g Himbeeren
½ Limette
1 EL Puder-Erythrit
Crushed Ice
Mineralwasser zum Aufgießen

Außerdem
Weinglas ohne Stiel
Stößel
1 Scheibe Limette und
3 Himbeeren zum Dekorieren

Himbeeren waschen und in das Glas geben.

Die Limette vierteln und ebenfalls dazugeben.
Die Früchte mit einem Stößel zerdrücken.

Den Puder-Erythrit dazugeben und das Glas mit Crushed Ice füllen.

Den Glasinhalt mit Mineralwasser aufgießen und mit der Limettenscheibe und drei Himbeeren dekoriert servieren.

Tipp: Wer es süßer möchte, kann statt Mineralwasser auch zuckerfreies Bitter Lemon oder zuckerfreie Zitronenlimonade verwenden.

COCKTAILS & LONGDRINKS

TEQUILA SUNSET

Für 1 Person

Zutaten
4 cl Tequila
2 cl Limettensaft
4 cl Orangensirup (siehe Seite 23)
Crushed Ice oder Eiswürfel
2 cl Cranberrysaft light

Außerdem
Shaker
Weinglas ohne Stiel
1 Stängel frische Minze und
1 Scheibe Limette zum Dekorieren

Den Tequila mit 8 cl Wasser, dem Limettensaft sowie dem Orangensirup in einen Shaker geben und kräftig schütteln.

Crushed Ice oder Eiswürfel in das Glas geben und den Shakerinhalt einfüllen.

Nun vorsichtig mit Cranberrysaft aufgießen, sodass zwei Schichten entstehen.

Das Glas mit einem Minzstängel und einer Limettenscheibe dekorieren und kalt servieren.

Tipp: Alternativ kann anstatt frischer Ananas auch Ananasaroma verwendet werden.

PIÑA COLADA

Für 1 Person

Zutaten
4 cl Rum
50 g frische Ananasstücke
4 cl Kokosmilch
2 cl flüssige Sahne
1 EL Puder-Erythrit
Eiswürfel

Außerdem
Mixer
Ballonglas
¼ Scheibe Ananas und
1 frisches Ananasblatt zum Dekorieren

Den Rum, die Ananasstücke, die Kokosmilch, die Sahne, den Puder-Erythrit und 4 cl Wasser in den Mixer geben.

Alles schaumig rühren, bis der Cocktail keine Stücke mehr hat.

Das Glas mit Eis füllen und die Piña Colada eingießen.

Zum Schluss mit einer Scheibe Ananas und einem gewaschenen Ananasblatt dekorieren und kalt genießen.

YELLOW SUMMER

Für 1 Person

Zutaten
6 cl Orangenlikör (siehe Seite 29)
2 cl Wodka
4 cl Zitronensaft
2 EL Puder-Erythrit
Eiswürfel
8 cl Mineralwasser

Außerdem
Shaker
Weinglas ohne Stiel
1 Stängel frische Minze zum Dekorieren

Den Orangenlikör mit dem Wodka, dem Zitronensaft sowie dem Erythrit in einen Shaker geben und gut schütteln.

Das Eis in das Glas geben und den Shakerinhalt einfüllen.

Den Cocktail mit Mineralwasser aufgießen und mit der Minze dekoriert servieren.

BEZAUBERNDE GINI

Für 1 Person

Zutaten
1 Handvoll Himbeeren
1 Handvoll Heidelbeeren
Eiswürfel
2 cl Limettensaft
4 cl Gin
Mineralwasser zum Aufgießen

Außerdem
Longdrinkglas
Stößel
1 Stängel frische Minze und
1 Scheibe Limette zum Dekorieren

Die Beeren in das Glas geben und mit einem Stößel zerdrücken.

Eiswürfel dazugeben.

Dann den Limettensaft und den Gin eingießen.

Mit Mineralwasser auffüllen und mit einem Minzstängel sowie einer Limettenscheibe dekorieren. Das Getränk sofort servieren.

BLUEBERRY MOJITO

Für 1 Person

Zutaten
1 Handvoll Heidelbeeren
4 große Blätter Minze
1 EL Erythrit
Eiswürfel
4 cl weißer Rum
Mineralwasser zum Aufgießen

Außerdem
Holzspieß
Longdrinkglas
Stößel
1 Stängel frische Minze zum Dekorieren

Auf einen Holzspieß sechs Heidelbeeren aufspießen.

Den Rest der Heidelbeeren mit den Minzblättern in das Longdrinkglas geben.

Die Früchte und die Minze mit einem Stößel zerdrücken.

Dann Erythrit, die Eiswürfel und den Rum dazugeben.

Anschließend mit Mineralwasser aufgießen.

Den Blueberry Mojito mit einem Minzstängel und dem Heidelbeerspieß dekoriert servieren.

Tipp: Alternativ zum Kaffeelikör lässt sich der Cocktail auch mit einem Espresso und 2 cl zusätzlichem Rum sowie etwas mehr Süße herstellen.

CAFÉ COLADA

Für 1 Person

Zutaten
4 cl Kaffeelikör (siehe Seite 30)
2 cl Rum
4 cl Kokosmilch
4 cl flüssige Sahne
2 EL Puder-Erythrit
Crushed Ice

Außerdem
Mixer
Tasse

Den Kaffeelikör mit dem Rum, der Kokosmilch, der Sahne, dem Erythrit und 4 cl Wasser in den Mixer geben.

Alles schaumig rühren.

Crushed Ice in die Tasse geben und mit dem Cocktail aufgießen. Sofort genießen.

CAJO

Für 1 Person

Zutaten
6 cl Johannisbeerlikör (siehe Seite 26)
4 cl Cachaça
Crushed Ice

Außerdem
Shaker
Whiskyglas
1 Stängel frische Minze und
1 Scheibe Limette zum Dekorieren

Den Johannisbeerlikör mit dem Cachaça im Shaker mixen.

Nun das Glas mit Eis füllen und mit dem Cajo aufgießen.

Zum Schluss mit einem Minzstängel und einer Limettenscheibe garnieren und sofort servieren.

CUCUMBER ROSEMARY

Für 1 Person

Zutaten

1 Stück Gurke, etwa 2 cm groß
2 Zweige frischer Rosmarin
Eiswürfel
4 Gurkenscheiben
4 cl Gin
Mineralwasser zum Aufgießen
½ Limette

Außerdem

Whiskyglas
Stößel

Das Gurkenstück vierteln und in das Glas geben. Einen Rosmarinzweig hinzufügen.

Den Zweig und die Gurke mit einem Stößel zerdrücken.

Ein paar Eiswürfel sowie die Gurkenscheiben ins Glas geben und die Gurkenscheiben an die Glaswand drücken.

Mit weiteren Eiswürfeln auffüllen. Den Gin dazugeben und mit Mineralwasser aufgießen.

Zum Schluss den Saft der Limette auspressen, dazugeben und den Drink mit einem Rosmarinzweig garnieren. Cucumber Rosemary kalt genießen.

DRACULA'S KISS

Für 1 Person

Zutaten
2 cl Limettensaft
2 cl Orangenlikör (siehe Seite 29)
4 cl Johannisbeerlikör (siehe Seite 26)
2 cl Cranberrysaft light
Eiswürfel
12,5 cl zuckerfreie Cola

Außerdem
Shaker
Longdrinkglas
langstieliger Löffel
1 Scheibe Limette zum Dekorieren

Den Limettensaft, den Orangenlikör, den Johannisbeerlikör und den Cranberrysaft in den Shaker geben und gut mixen.

Eiswürfel in ein hohes Glas geben und den Shakerinhalt dazugeben.

Mit einem langstieligen Löffel vorsichtig die Cola aufgießen, damit sich eine rote und eine schwarze Schicht bilden.

Mit einer Limettenscheibe dekoriert servieren.

CRANBERRY CAIPIRINHA

Für 1 Person

Zutaten
20 g frische Cranberries
2 cl Limettensaft
4 cl Cranberrysaft light
4 cl Cachaça
Crushed Ice

Außerdem
Weinglas ohne Stiel
Stößel
Shaker
frische Cranberries und
1 Stängel frische Minze
zum Dekorieren

Cranberries in das Glas geben und mit einem Stößel zerstoßen.

Den Limettensaft, den Cranberrysaft und den Cachaça in einem Shaker mixen.

Crushed Ice in das Glas geben und mit dem Cocktail aufgießen.

Mit frischen Cranberries und der Minze dekoriert servieren.

BLOODY MARY

Für 1 Person

Zutaten
4 cl Wodka
12 cl Tomatensaft
2 cl Zitronensaft
1 Prise Salz
1 Prise gemahlener Pfeffer
1 Spritzer Tabasco
1 Spritzer Sojasauce
Eiswürfel

Außerdem
Shaker
Longdrinkglas
Sieb
1 Scheibe Bacon, gebraten, und
1 kleine Stange Sellerie
zum Dekorieren

Den Wodka mit dem Tomaten- und dem Zitronensaft in einen Shaker geben.

Salz, Pfeffer, Tabasco und Sojasauce dazugeben.

Alles mit ein paar Eiswürfeln in einem Shaker durch Schütteln mixen.

In das Glas frische Eiswürfel geben und den Shakerinhalt durch ein Sieb eingießen.

Nun mit einer Baconscheibe und einer Selleriestange dekoriert servieren.

MAI TAI

Für 1 Person

Zutaten
2 EL Kristall-Erythrit
1 Stück Limette
1 cl weißer Rum
5 cl brauner Rum
2 cl Orangenlikör (siehe Seite 29)
2 cl Mandelsirup (siehe Seite 25)
3 cl Limettensaft
1 EL Puder-Erythrit
Crushed Ice

Außerdem
Longdrinkglas
Shaker

Den Kristall-Erythrit auf einen flachen Teller geben.

Mit dem Limettenstück den Glasrand anfeuchten.

Das Glas mit der Öffnung nach unten in den Erythrit tunken, bis ein zuckriger Rand entstanden ist.

Den weißen Rum, den braunen Rum, den Orangenlikör, den Mandelsirup und den Limettensaft zusammen mit dem Puder-Erythrit in einen Shaker geben. Alles kräftig durchschütteln.

Das Cocktailglas mit Crushed Ice befüllen und den Mai Tai eingießen. Sofort servieren.

CUBA LIBRE

Für 1 Person

Zutaten
Eiswürfel
5 cl Rum
12 cl zuckerfreie Cola
1 cl Limettensaft

Außerdem
Longdrinkglas
Limettenscheiben zum Dekorieren

Eiswürfel in ein Glas geben.

Den Rum, die Cola und den Limettensaft dazugeben.

Zum Schluss mit Limettenscheiben dekorieren und sofort servieren.

CRANNY GIN FIZZ

Für 1 Person

Zutaten
3 cl Gin
2 cl Sekt
6 cl Cranberrysaft light
2 Zweige frischer Rosmarin
Eiswürfel
Mineralwasser zum Aufgießen

Außerdem
Shaker
Whiskyglas
Sieb
frische Cranberries zum Dekorieren

Den Gin, den Sekt und den Cranberrysaft mit einem Rosmarinzweig und Eiswürfeln in einen Shaker geben und gut durchschütteln.

Eiswürfel in das Glas geben und den Shakerinhalt durch ein Sieb abseihen und in das Cocktailglas füllen.

Mit Mineralwasser aufgießen und mit dem anderen Rosmarinzweig sowie frischen Cranberries dekoriert servieren.

LONG ISLAND ICE TEA

Für 1 Person

Zutaten
2 cl Wodka
2 cl Gin
2 cl brauner Rum
2 cl Orangenlikör (siehe Seite 29)
2 cl Tequila
2 cl Zitronensaft
2 EL Puder-Erythrit
Eiswürfel
zuckerfreie Cola zum Aufgießen

Außerdem
Shaker
Glas mit mindestens 0,5 l Fassungsvermögen
1 Scheibe Limette und
1 Stängel frische Minze zum Dekorieren

Den Wodka, den Gin, den Rum, den Orangenlikör, den Tequila, den Zitronensaft und den Erythrit in einen Shaker geben und kräftig mixen.

Eiswürfel in das Glas geben und den Shakerinhalt dazugeben.

Mit Cola aufgießen und mit einer Limettenscheibe sowie einem Minzstängel dekoriert servieren.

LYNCHBURG LEMONADE

Für 1 Person

Zutaten
4 cl amerikanischer Whiskey (z.B. Jack Daniel's)
1 cl Orangenlikör (siehe Seite 29)
3 cl Limettensaft
2 EL Puder-Erythrit
Eiswürfel
Mineralwasser zum Aufgießen

Außerdem
Shaker
Henkelglas
Sieb
1 Scheibe Limette zum Dekorieren

Den Whiskey mit dem Orangenlikör, dem Limettensaft, dem Erythrit und einigen Eiswürfeln in den Shaker geben und alles gut mixen.

Weitere Eiswürfel in das Henkelglas geben und den Shakerinhalt durch ein Sieb abseihen.

Nun mit Mineralwasser aufgießen und mit einer Limettenscheibe dekorieren. Eiskalt genießen.

Tipp: Statt Mineralwasser und Erythrit kann auch zuckerfreie Limonade verwendet werden.

CUCUMBER MINT

Für 1 Person

Zutaten
1 EL Erythrit
6 Gurkenscheiben
4–6 große Blätter Minze
Eiswürfel
4 cl Wodka
4 cl Sekt
Mineralwasser zum Aufgießen

Außerdem
Longdrinkglas
Stößel
1 Stängel frische Minze
zum Dekorieren

Erythrit in das Glas geben.

Dann fünf Gurkenscheiben und die Minzblätter dazugeben.

Beides im Glas mit einem Stößel zerdrücken und Eiswürfel dazugeben.

Anschließend den Wodka sowie den Sekt eingießen und den Inhalt mit Mineralwasser auffüllen.

Den Cocktail mit einem Minzstängel und einer Gurkenscheibe dekorieren und sofort servieren.

GIN FIZZ

Für 1 Person

Zutaten
4 cl Gin
3 cl Zitronensaft
1 EL Puder-Erythrit
8 cl Mineralwasser
Eiswürfel

Außerdem
Shaker
Whiskyglas
1 Zweig frischer Rosmarin und
1 Scheibe Limette zum Dekorieren

Den Gin mit dem Zitronensaft, dem Erythrit und dem Mineralwasser in einem Shaker mixen.

Eiswürfel in das Glas geben und den Cocktail eingießen.

Nun mit dem Rosmarinzweig und der Limettenscheibe dekorieren und sofort servieren.

HAZELNUT CREAM

Für 1 Person

Zutaten
zuckerfreie Nuss-Nougat-Creme
2 EL gehackte Haselnusskerne
1 TL Haselnussmus
4 cl Haselnussgeist
4 cl flüssige Sahne
Eiswürfel

Außerdem
Weinglas ohne Stiel
Mixer

Den Glasrand mit der Nuss-Nougat-Creme bestreichen.

Die gehackten Haselnusskerne auf einen flachen Teller geben und das Glas mit der Öffnung nach unten eintunken, damit ein Haselnussrand entsteht.

Das Haselnussmus mit dem Haselnussgeist, der Sahne und 4 cl Wasser in den Mixer geben und aufschäumen.

Eiswürfel in das Glas geben und den Hazelnut Cream eingießen. Sofort genießen.

WODKA LEMON

Für 1 Person

Zutaten
Eiswürfel
4 cl Wodka
6 cl Limettensaft
Puder-Erythrit nach Bedarf
12,5 cl Mineralwasser zum Aufgießen

Außerdem
Longdrinkglas
1 Scheibe Limette zum Dekorieren

Die Eiswürfel in das Glas geben.

Den Wodka und den Limettensaft eingießen.

Je nach Geschmack mit Erythrit süßen.

Nun mit Mineralwasser aufgießen und das Glas mit einer Limettenscheibe dekorieren. Sofort servieren.

SHORTDRINKS & SHOOTER

WHISKY SOUR

Für 1 Person

Zutaten
5 cl Whisky
2 cl Zitronensaft
2 EL Puder-Erythrit
Eiswürfel

Außerdem
Shaker
Shooter-Glas
Sieb
½ Scheibe Limette und
1 frische Cranberry zum Dekorieren

Den Whisky mit dem Zitronensaft, dem Süßungsmittel und den Eiswürfeln in einen Shaker geben und alles kräftig durchmixen.

Eiswürfel in das Glas geben und den Whisky Sour durch ein Sieb eingießen.

Mit der Limettenscheibe und einer Cranberry dekoriert sofort servieren.

MARGARITA

Für 1 Person

Zutaten
2 EL Salz
1 Stück Limette
2 cl Limettensaft
1 cl Orangenlikör (siehe Seite 29)
3 cl Tequila
Eiswürfel

Außerdem
Cocktailschale
Shaker
Sieb
½ Scheibe Limette
zum Dekorieren

Das Salz auf einen flachen Teller geben.

Den Glasrand mit dem Limettenstück anfeuchten. Dann mit der Glasöffnung nach unten in das Salz tunken.

Den Limettensaft mit dem Orangenlikör, dem Tequila und den Eiswürfeln in einen Shaker geben. Alles kräftig durchmixen, bis die Außenwand des Shakers stark abgekühlt ist.

Eiswürfel in das Glas geben und die Margarita durch ein Sieb in das Glas gießen.

Zum Schluss mit der Limettenscheibe garnieren und sofort servieren.

COSMOPOLITAN

Für 1 Person

Zutaten
2 cl Wodka
2 cl Cranberrysaft light
1 cl Orangenlikör (siehe Seite 29)
1 cl Limettensaft
Eiswürfel
Crushed Ice

Außerdem
Shaker
Cocktailschale
Sieb
½ Scheibe Limette zum Dekorieren

Den Wodka, den Cranberrysaft, den Orangenlikör und den Limettensaft mit Eiswürfeln in einen Shaker geben und gut mixen.

Crushed Ice in das Glas geben und den Drink durch ein Sieb eingießen.

Zum Schluss mit der Limettenscheibe dekorieren.

STRAWBERRY DAIQUIRI

Für 1 Person

Zutaten
100 g Erdbeeren (TK-Produkt)
4 cl weißer Rum
2 EL Puder-Erythrit
2 cl Zitronensaft
Crushed Ice

Außerdem
Mixer
Cocktailschale
1 Blatt frische Minze zum Dekorieren

Die gefrorenen Erdbeeren mit dem weißen Rum, dem Erythrit, dem Zitronensaft und dem Crushed Ice in den Mixer geben. Alles kräftig durchmixen.

Den Strawberry Daiquiri in die Cocktailschale füllen und mit einem Minzblatt garniert servieren.

FLAT WHITE MARTINI

Für 1 Person

Zutaten

5 cl Irish Cream-Likör (siehe Seite 31)
2 cl Wodka
1 Espresso
Eiswürfel

Außerdem

Shaker
Sieb
Cocktailschale
Kaffeebohnen zum Dekorieren

Den Irish Cream-Likör mit dem Wodka, dem Espresso und den Eiswürfeln in einen Shaker geben und kräftig mixen.

Den Cocktail durch ein Sieb abseihen und in ein Glas mit Eiswürfeln füllen.

Zum Schluss mit ein paar Kaffeebohnen dekorieren und sofort servieren.

WHITE RUSSIAN

Für 1 Person

Zutaten
Eiswürfel
3 cl Wodka
3 cl Kaffeelikör (siehe Seite 30)
3 cl flüssige Sahne

Außerdem
Whiskyglas

Die Eiswürfel in das Glas geben.

Den Wodka und den Kaffeelikör eingießen.

Vorsichtig die Sahne zugeben. Sofort servieren.

Tipp: Die Sahne vorab leicht aufschlagen. Dann sinkt sie nicht so schnell ab.

SIDEBAR

Für 1 Person

Zutaten
4 cl Cognac
2 cl Orangenlikör (siehe Seite 29)
2 cl Zitronensaft
Eiswürfel

Außerdem
Shaker
Shooter-Glas

Den Cognac mit dem Orangenlikör und dem Zitronensaft in einem Shaker mixen und in ein Glas mit Eiswürfeln gießen. Sofort servieren und genießen.

Tipp: Das Getränk lässt sich zu einem Kamikaze abwandeln, indem man den Cognac durch Wodka ersetzt.

WEINCOCKTAILS

PFIRSICHTRAUM

Für 1 Person

Zutaten
3 cl Pfirsichsirup (siehe Seite 22)
Eiswürfel
12,5 cl kalter Sekt

Außerdem
Sektglas
1 Scheibe Pfirsich und
1 Blatt frische Minze zum Dekorieren

Den Pfirsichsirup mit den Eiswürfeln in das Glas geben.

Mit kaltem Sekt aufgießen.

Mit einer Pfirsichscheibe und einem Minzblatt dekoriert servieren.

Tipp: Für eine alkoholfreie Variante kann der Sekt durch zuckerfreies Bitter Lemon ersetzt werden.

CURRENT APPLE

Für 1 Person

Zutaten
Eiswürfel
4 cl Johannisbeerlikör (siehe Seite 26)
20 cl hessischer Apfelwein

Außerdem
Weinglas ohne Stiel
1 Stängel frische Minze zum Dekorieren

Eiswürfel in das Glas geben.

Johannisbeerlikör dazugeben und mit Apfelwein aufgießen.

Den Cocktail mit einem Minzstängel dekoriert servieren.

CARIBBEAN APPLE

Für 1 Person

Zutaten
½ Limette
Eiswürfel
4 cl Rum
10 cl hessischer Apfelwein
10 cl zuckerfreie Cola

Außerdem
Longdrinkglas
Stößel
1 Scheibe Limette zum Dekorieren

Die Limette vierteln, in das Longdrinkglas geben und mit einem Stößel zerdrücken.

Die Eiswürfel dazugeben.

Den Rum und den Apfelwein eingießen.

Anschließend mit der Cola auffüllen und mit einer Limettenscheibe dekorieren. Sofort servieren.

SPARKLING FRUITY

Für 1 Person

Zutaten
30 g Heidelbeeren (TK-Produkt)
Eiswürfel
2 cl Rum
2 cl Limettensaft
20 cl hessischer Apfelwein

Außerdem
Longdrinkglas
1 Stängel frische Minze zum Dekorieren

Ein Glas mit den gefrorenen Heidelbeeren und Eiswürfeln füllen.

Den Rum und den Limettensaft dazugeben.

Anschließend mit Apfelwein aufgießen.

Zum Schluss mit der Minze garnieren und den Cocktail sofort servieren.

LIMONCELLO PROSECCO

Für 1 Person

Zutaten
2 EL Bronze-Erythrit
1 Stück Limette
Eiswürfel
1 EL Puder-Erythrit
2 cl Wodka
6 cl Limettensaft
12,5 cl Sekt

Außerdem
Weinglas ohne Stiel
1 Stängel frische Minze und
1 Scheibe Limette zum Dekorieren

Auf einem Teller den Bronze-Erythrit verteilen.

Mit einem Limettenstück den Glasrand anfeuchten.

Das Glas mit der Öffnung nach unten in den Erythrit tunken.

Eiswürfel in das Glas geben und Puder-Erythrit zufügen.

Dann den Wodka und den Limettensaft einfüllen.

Den Glasinhalt mit Sekt aufgießen und mit einem Minzstängel sowie einer Limettenscheibe dekoriert servieren.

CRANBERRY MIMOSAS

Für 1 Person

Zutaten
2 EL Erythrit
1 Stück Limette
4 cl Cranberrysaft light
1 cl Orangenlikör (siehe Seite 29)
12,5 cl Sekt

Außerdem
Cocktailschale
1 Zweig frischer Rosmarin und
2 frische Cranberries
zum Dekorieren

Erythrit auf einen flachen Teller geben.

Mit einem Stück Limette den Glasrand anfeuchten. Nun die Glasöffnung in den Erythrit tunken.

Anschließend den Cranberrysaft und den Orangenlikör in das Glas geben und mit kaltem Sekt aufgießen.

Vom unteren Ende des Rosmarinzweigs die Nadeln entfernen. Die zwei Cranberries auf den Zweig spießen, zur Dekoration ins Glas legen und servieren.

Tipp: Das Getränk kann auch mit anderen Beerensorten nach Wahl zubereitet werden.

BEERENSPRITZER

Für 1 Person

Zutaten
15 g Brombeeren (TK-Produkt)
15 g Heidelbeeren (TK-Produkt)
20 g frische Cranberries
Eiswürfel
2 cl Wodka
10 cl trockener Weißwein
Mineralwasser zum Aufgießen

Außerdem
Weinglas ohne Stiel

Die gefrorenen Beeren und die Cranberries mit den Eiswürfeln in ein Glas geben.

Nun den Wodka und den Weißwein dazugeben.

Zum Schluss mit Mineralwasser aufgießen und sofort servieren.

HOT DRINKS

HOT CAIPI

Für 1 Person

Zutaten
1 unbehandelte Limette
4 cl Cachaça
1 EL Erythrit

Außerdem
Henkelglas
Stößel
1 Scheibe Limette zum Dekorieren

Die Limette achteln, in das Glas geben und mit einem Stößel zerstoßen.

Cachaça und Erythrit zufügen.

Das Ganze mit 200 ml heißem Wasser aufgießen und mit einer Limettenscheibe dekorieren.

WEISSER GLÜHWEIN

Für 4 Personen

Zutaten
0,5 l Apfelwein
1 Vanilleschote
2 unbehandelte Limetten
4 Gewürznelken
2 Sternanis
4 cl Orangensirup (siehe Seite 23)
1 Flasche Weißwein (0,75 l)
50 g Erythrit

Außerdem
Topf
Sieb
4 Tassen oder Gläser

Den Apfelwein in einen Topf geben und zum Kochen bringen.

Die Vanilleschote halbieren, das Mark herauskratzen und zum Apfelwein geben. Die Schale der Vanilleschote ebenfalls zufügen.

Eine Limette halbieren und zwei Scheiben abschneiden. Die Scheiben mit Nelken spicken und zusammen mit dem Sternanis in den Topf geben.

Den Saft der Limetten auspressen und zusammen mit dem Sirup dazugeben.

Wenn sich die Kohlensäure des Apfelweins minimiert hat, die Temperatur der Herdplatte reduzieren.

Den Weißwein zufügen und den Glühwein mit Erythrit süßen.

Den weißen Glühwein anschließend 20 Minuten ziehen lassen.

Danach durch ein Sieb gießen, um die Gewürze zu entfernen.

Nun warm servieren.

IRISH COFFEE

Für 1 Person

Zutaten
4 cl irischer Whisky
10 cl heißer Kaffee
1 TL Erythrit
Sahne, geschlagen

Außerdem
Topf
Tasse
Kakaopulver zum Bestauben

Den Whisky in einem Topf erwärmen und mit dem heißen Kaffee in die Tasse geben.

Mit dem Erythrit süßen und eine Sahnehaube auf den Irish Coffee setzen.

Mit etwas Kakaopulver bestauben und sofort servieren.

GLÖGG

Für 4 Personen

Zutaten
1 Flasche trockener Rotwein (0,75 l)
8 cl Rum
100 g Erythrit
1 Stange Zimt
2 Kardamomkapseln, zerstoßen
4 Gewürznelken
1 Stück Ingwer, etwa 3 cm groß
100 g frische Cranberries
30 g Mandelstifte

Außerdem
Topf
Sieb
4 große Tassen
4 Zweige frischer Rosmarin zum Dekorieren

Rotwein, Rum, Erythrit, Zimtstange, Kardamom und Nelken in einen Topf geben.

Den Ingwer in Scheiben schneiden und zufügen.

Das Ganze erhitzen, damit sich der Erythrit auflöst, jedoch nicht köcheln lassen, da der Alkohol sonst verdunstet.

Die Cranberries dazugeben und den Punsch über Nacht ziehen lassen.

Am nächsten Tag den Glögg abseihen und die Cranberries herausnehmen und beiseitelegen.

Das Getränk zurück in den Topf geben und erhitzen. Die Cranberries und die Mandeln zufügen und den Glögg warm, mit je einem Rosmarinzweig garniert, servieren.

GROG

Für 1 Person

Zutaten
2–3 TL Erythrit
4 cl Rum

Außerdem
Tasse

200 ml Wasser zum Kochen bringen.

Erythrit in die Tasse geben und den Rum hinzufügen.

Mit dem heißen Wasser aufgießen und genießen.

LUMUMBA

Für 1 Person

Zutaten
5 cl flüssige Sahne,
 etwas mehr für die Sahnehaube
15 cl Mandelmilch oder Vollmilch
1 EL Erythrit
1 EL Kakaopulver
2 cl Rum oder Cognac

Außerdem
Topf
große Tasse
Kakaopulver zum Bestauben

Die Sahne mit der Mandelmilch, dem Erythrit sowie dem Kakaopulver gut verrühren und in einem Topf erhitzen.

Den Kakao mit Rum oder Cognac mischen und in eine Tasse geben.

Dem Drink eine Sahnehaube aufsetzen und mit Kakaopulver bestauben.

HOT TODDY

Für 2 Personen

Zutaten
1 unbehandelte Zitrone
4 Gewürznelken
1 Stange Zimt
2 EL Erythrit
8 cl Whisky
1 Prise Muskatnuss

Außerdem
2 Tassen
Topf

Zitrone waschen und zwei Scheiben herausschneiden.

In jede Tasse zwei Gewürznelken, eine halbe Zimtstange und eine Zitronenscheibe geben.

Die Zitrone auspressen und den Saft in einem Topf auffangen.

Erythrit und Whisky dazugeben, anschließend mit Muskatnuss würzen.

250 ml Wasser aufkochen und zufügen, umrühren.

Dann den Hot Toddy auf die zwei Tassen verteilen und genießen.

Tipp: Je nach Geschmack kann mehr Zitronensaft oder Süße zugefügt werden.

REGISTER

IMPRESSUM

Produktmanagement: Sonya Mayer, Stefanie Gückstock
Umschlaggestaltung: Christa Thieser
Layout & Satz: Akademischer Verlagsservice Gunnar Musan
Redaktion: Claudia Weingartner
Korrektur: Franziska Sorgenfrei
Repro: LUDWIG:media
Herstellung: Bettina Schippel

Text und Rezepte: Diana Ruchser
Die Tabellen auf den Seiten 13 und 14 wurden unter Verwendung der Seite fddb.info (Stand: November 2018) erstellt.
Fotografie: Alle Fotos in diesem Buch sowie auf dem Umschlag stammen von Diana Ruchser mit Ausnahme von Umschlagklappe hinten: Simone Kessler (SIMOarts).
Die Illustration auf den Seiten 20/21, 36/37, 54/55, 86/87, 100/101 und 112/113 stammt von shutterstock.com/one line man.

Printed in Slovenia by Florjancic

★★★★★

Sind Sie mit diesem Titel zufrieden? Dann würden wir uns über Ihre Weiterempfehlung freuen. Erzählen Sie es im Freundeskreis, berichten Sie Ihrem Buchhändler oder bewerten Sie bei Onlinekauf. Und wenn Sie Kritik, Korrekturen, Aktualisierungen haben, freuen wir uns über Ihre Nachricht an: Christian Verlag, Postfach 40 02 09, D-80702 München, oder per E-Mail an lektorat@verlagshaus.de

Unser komplettes Programm finden Sie unter:

www.christian-verlag.de

Alle Angaben in diesem Werk wurden von der Autorin sorgfältig recherchiert und auf den aktuellen Stand gebracht sowie vom Verlag geprüft.
Für die Richtigkeit der Angaben kann jedoch keinerlei Haftung übernommen werden.
Sollte dieses Werk Links auf Webseiten Dritter enthalten, so machen wir uns die Inhalte nicht zu eigen und übernehmen für die Inhalte keine Haftung.

Die Deutsche Nationalbibliothek verzeichnet diese Publikation in der Deutschen Nationalbibliografie; detaillierte bibliografische Daten sind im Internet über http://dnb.d-nb.de abrufbar.

ISBN 978-3-95961-280-7

Hinweise:
Der übermäßige Verzehr von Zuckeraustauschstoffen kann Verdauungsbeschwerden verursachen.
Frisches Obst und Gemüse sollten nur gründlich gewaschen verzehrt werden.
Für heiße Getränke bitte nur hitzebeständige Gläser oder Tassen verwenden.

Ebenfalls erhältlich ...

ISBN 978-3-86244-751-0

ISBN 978-3-86244-952-1

ISBN 978-3-95961-148-0

ISBN 978-3-95961-222-7